Walter Kraus – A Lebm – oiszsamm a Handvoi Zeit

WALTER KRAUS

A Lebm
oiszsamm a Handvoi Zeit

FLACHGAUER MUNDART

Mit Bildern
von Maria Kraus

Moserbauer Druck & Verlag

Alle Rechte beim Verfasser!

Gesamtherstellung:

Moserbauer Druck- und Verlag-Ges. m. b. H., 4910 Ried/I.

(1994)

ISBN 3-900847-18-5

INHALT

Durch's Joahr

Woat a Joahr	17
Ih sag dir was	19
Z'spat	20
Wintasportbegeistert	21
Iatz is da Fasching wieda goa	22
Iatz derfts wieda	23
Fastnzeit	24
D' Figurprobleme	25
Josefitag	26
Greane Flecke	27
Und s' Diandl sagt ja	28
Aprilwetter und Weibertreu'	29
Da is 's ganz leicht	31
Ah scho	32
Ih denk ma halt	33
Wann da Guggu schreit	34
Und wenn	35
O Mei, o Mai	36
A wengerl was	37
A Feldweg	39
Im Stau	40
A Wirtshausgartn	41
Urlaub im Gebirg	42
Bergmess	43
De rastate Zeit	44
Spatherbst	45
Im Nebe	46
Spathiarest	47
Dö Heilig' Nacht	48
A poa Tag nuh	49

Rund um an Kirchaturm

Rund um an Kirchaturm	53
A Gwürzsträußl	54
Wia soid oa'ns denn sei?	55
Des alte Liad	56
Was toa	57
A neicha Brauch	58
Oiahand sagt a	59
Ja, wenn	60
Da Beruf	61
Emanzipiert	63
Fortschritt	64
Latein	65
D'Hasnjagd	66
D'Raufa	67
Umkehrt	68
Weil's allweil anderscht aussakimmt	69
Da Kramma-Loisei	70
Zeit zruckdrahn	72
A schöne Zeit	73
Seewinkl	75
A Handvoi Zeit	76
Angst	77
Dreimoi gscheit	78
Des hat ma heut a so	79
Zviel is's	80
An a Fernseh-Ansagerin I	81
An a Fernseh-Ansagerin II	82
Zwoaspannig	83
Laß dir net einschau ...	84
Stoiz	85
Einwendig	86
A Stern, der sih Hoffnung nennt (I—IV)	87
Herkunft	91
So hat es begonnen	95
Der „Steirische Grimm"	97
Die dritte Begegnung	99
1992 – Das Jahr der Vorworte	103

Walter Kraus, der gelernte Fahrzeugmechaniker, wurde am 21. Juni 1930 in Weitwörth bei Nußdorf a. Hbg. geboren und verstarb im Dezember 1992.

Den Menschen im Lande war er als Mundartdichter ein Begriff und ist ihnen als solcher in Erinnerung geblieben. Bekannt und beliebt waren neben seinen Radiosendungen im Heimatfunk des Landesstudios Salzburg, wo er nicht nur seine eigenen Gedichte präsentierte, sondern ebenso sämtliche Mundartdichter des Landes mit ihren Werken vorstellte, auch zwei Gedichtbände.

In seinem ersten Büchlein, den „Flachgauer Gsangln", beschrieb er beschwingt und froh das dörfliche Leben im Jahreslauf. Sein zweites Buch „A Handvoi Lebn" beinhaltet neben einfühlsamer, tiefgründiger Lyrik auch ironische Gedichte, die der Autor selber stets mit einem Augenzwinkern gesehen haben wollte. Dieses Buch ist – wie das vorliegende – mit Bildern von seiner Frau Maria Kraus ausgestattet.

Sein Humor sowie seine Gabe, Heiteres genauso wie Tiefes treffend zu vermitteln, machten ihn zu einem geschätzten und beliebten Mundartdichter, der die sprachliche Entwicklung und Veränderung der Mundart genauso wie jene der Lebenssituationen exakt erkannte und auf seine unnachahmliche Art herausstellte. In der Mundartdichtung setzte er sich für eine schlichte, formgerechte, künstlerische Darstellung ein, die auf jegliche „Verkünstelung" verzichtete.

DR. HANS KATSCHTHALER

Landeshauptmann von Salzburg

Walter Kraus war für mich ein Mundartdichter im besten Sinn. Keiner der vielen Mundartreimer, wie sie jetzt ihr Dichterunwesen treiben. Fast fünfundzwanzig Jahre durfte ich mich über seine Mitarbeit für das ORF-Landesstudio Salzburg freuen. Keiner jener Möchtegerndichter, die viel versprechen und wenig halten. Walter Kraus war ein ehrlicher und unaufdringlicher Mundartdichter mit unzähligen Ideen für viele Sendungen. Oft hat er uns durch seine konstruktive Kritik zum Nachdenken angeregt. Auch gegenüber sich selbst war er streng. Kein Vielschreiber, sondern einer, der seine Gedichte und Geschichten erst nach genauer Überprüfung im Rundfunk las oder zum Druck freigegeben hat. Im Gegensatz zu anderen buhlte er nicht um die Gunst der Öffentlichkeit und wichtiger Leute. Umsomehr freute er sich innerlich über die Wertschätzung, die unzählige Hörer und Leser ihm entgegenbrachten.

Viele seiner Mundartbeiträge waren heiter-besinnlich und hatten ihre Wurzeln in den verschiedensten Bereichen des menschlichen Lebens. Er war kein Freund der seichten Witze und des lauten, deftigen Humors. Seine Gedichte und Mundartbeiträge lassen uns heute noch schmunzeln und manchmal auch durch die treffsicheren Pointen in uns hineinhorchen.

Walter Kraus war einer, der viel über unsere Mundart nachgedacht hat – über die Gefahren, die ihr drohen, aber auch über die Stärke und Ehrlichkeit, die von ihr ausgehen. Verärgert reagierte er mehrmals über die vielen seichten Reimereien, die wir für Mundartsendungen zugeschickt erhalten haben.

Die Mundart war für ihn etwas Besonderes. Nicht nur beim Schreiben, auch beim Reden. Oft ärgerte er sich über Leute, die ihren Dialekt als Mundart bezeichnen, obwohl es bestenfalls eine stark vermischte Umgangssprache ist.

Walter Kraus war ein ruhiger und dennoch fröhlicher Mensch. Oft haben wir im leider oft viel zu hektischen Studioalltag über seine starken Aussprüche, seine Weisheiten und seine Einfälle gelacht. Besonders beliebt waren seine Mundarträtsel, die auch heute noch viele Hörer vermissen. In erster Linie aber seine heiteren, besinnlichen, nachdenklichen, aber auch in die Zukunft weisenden Gedichte und Geschichten in Salzburger Mundart. Viele Bücher hätte er zu Lebzeiten damit wirklich lesenswert füllen können – geworden sind es drei. Aber jedes davon ist mehr Wert als oft dutzende Werke der Mundartreimer von heute. Walter Kraus war auch ein musischer Mensch, der selbst musizierte, die heimische Volksmusik liebte und schon aus seiner Lebenseinstellung heraus nichts für die überlaute, aufdringliche Schunkelmusik übrig hatte.

Walter Kraus, ein wirklicher Salzburger, der nicht nur durch seine Mundart und Sendungen in uns weiterlebt, sondern auch durch seine Liebenswürdigkeit und seine aufrichtige Freundschaft.

Beim Lesen des neuen Buches werden wir uns oft mit Wehmut, aber auch mit viel Freude an unseren Mitarbeiter und Freund erinnern.

WOLF-DIETRICH ISER
ORF-Landesstudio Salzburg

Für die Mundarthinterlassenschaft von Walter Kraus ein Vorwort zu schreiben ist ehrenvoll aber wohl auch vermessen. Er, durch viele Jahre unser Vorbild und kritischer Freund, hat sich ja besondere Würdigungen verdient und würde auf Allgemeinheiten eher griesgrämig reagieren. So möchte ich mit diesen Zeilen nur meinen persönlichen Dank verbinden und die Erinnerung an einen liebenswerten Menschen lebendig erhalten. Walter Kraus hat uns den Blick für das Wahre geschärft, hat uns in seiner unüberhörbaren Deutlichkeit einen Spiegel vorgehalten und unsere Gemeinschaft im Salzburger Heimatfunk freundschaftlich geprägt und vertieft.

Als aufrichtiger Ratgeber hat er uns die feinen Unterscheidungen gelehrt, die sich so leicht verwischen und zu allzuviel „Gedrucktem" führen. Walter Kraus hat sich den Umgang mit der Sprache nie leicht gemacht, ihm war der Inhalt wichtig und die Kraft, die ein Wort vermitteln kann.

Viel zu früh ist er verstummt und hat trotzdem seinen irdischen Lebenskrug bis an den Rand gefüllt. Nun liegt es an uns, sein dichterisches Erbe zu verwalten, seinem Vorbild zu folgen und ihm einen festen Platz im Jahreslauf unserer Möglichkeiten einzuräumen.

ING. BERTL GÖTTL

Für unsere Enkel
Walter-Alexander und Markus-Ullrich

Als einige Wochen nach dem Ableben meines Mannes mein Sohn Walter mit dem Vorschlag zu mir kam, Vaters noch unveröffentlichte Gedichte und Kurzgeschichten in einem dritten Mundartbändchen herauszubringen, bedurfte es keiner langen Überlegungen, diesen Gedanken zu verwirklichen, da zur selben Zeit auch der Verleger, Herr Hugo Moserbauer, mit dem Angebot der Drucklegung an mich herantrat.

Besprechungen über die Gestaltung eines Büchleins hatte ja schon mein Mann mit Herrn Moserbauer geführt. Es sollte ein Buch mit seinen Texten und meinen darauf abgestimmten Bildern werden, denn einer seiner gern gebrauchten Aussprüche war: „Ich schreibe in der Mundart, meine Frau malt in ihr!"

Die plötzliche, schwere Erkrankung meines Mannes verhinderte aber zunächst einmal die Verwirklichung des Vorhabens.

In den Wochen und Monaten nach seinem Tod traten nun aber immer öfter Hörer seiner langjährigen Rundfunksendungen mit der Frage nach seinen Büchern „Flachgauer Gsangln" und „A Handvoi Lebn" an mich heran. Da diese Bücher aber längst vergriffen sind, entschlossen wir uns nun, dieses, sein drittes Mundartbändchen herauszugeben.

Und hier ist es nun, das letzte Buch von Walter Kraus, vervollständigt durch eine Kurzbiographie, seinen Werdegang als Mundartschreiber und Fotos aus seinem Leben, gewidmet unseren Enkeln, aber auch zum Nachdenken und Schmunzeln seinem großen Freundes- und Hörerkreis.

MARIA KRAUS
und die Söhne
WALTER-ANTON KRAUS,
MICHAEL-ERNST KRAUS

Walter Kraus

Durch's Joahr

Woat a Joahr

Woat a Joahr
voi Müah und Plag.
Aba deacht
wiad koana zag,
weil mit Schwung
und neicha Kraft
wiads oi Joahr
a wieda gschafft.

Denkt neamd dro,
daß was net gang,
ei as Gschirr
und zreißts koan Strang
ziahgts sche gleich
und langsam an
aft gehts leicht
und guat voran.

Toa ma furt,
tagaus, tagein
und wia s kimmt
a so soids sein.
Hamma gschwitzt
und hamma glacht
und as Joahr
guat ummabracht.

Woat a Joahr
voi Müah und Plag.
Woat mit Sunn-
und Feiertag.
Woat mit Kemma
und mit Geh –
und is oimoi
wieda schö!

MARIA KRAUS   *Winter im Flachgau*

Ih sag dir was ...

Ih sag dir was:
as Joahr des is nuh jung,
iatz nimm dir hoid an Schwung
und trau dih was.

Vohalt dih net;
und schau net oiwei zruck,
gib dir oanfach an Ruck,
werst sehgn, es geht.

Und gehts danebn,
danah liegt ah nix dran,
du hast des Beste tan.
So is hoid 's Lebn!

Z'spat ...

Zu Weihnachtn, wann gfeiat wead,
da ham de Glockn a schöns Gläut;
wann da vor Hunga oana schreit,
der wiad auf koan Fall ghört.

Auf Neujoahr, gleih nach Mitternacht,
da müßt a Stimm scho recht laut sei;
da hörst vor Hunga ah koan schrei,
wanns rundum blitzt und kracht.

Nua auf Dreikönig, da waars staad.
Gehn d'Sternsinga zum Sammeln fort. –
Da san mia scho beim Wintersport,
da is's hoid ah scho z'spat ...!

Wintasportbegeistert

Der Wintasport, Leut,
da sag ih nix Nei's,
der begeistert mih scho
auf a bsundane Weis'.

Ob des iatz beim Schifahrn,
beim Langlaufn is,
für mih is da Wintasport
wia's Paradies.

Mitn Rennrodlschlittn
übern Berg obifahrn,
mit Schlittschuah und Eisstock
is da See richtig gfroahn. –

Beim Wintasport, da bin
ih net zum dahaltn.
Da muaß ih sofort – des
Fernsehgn einschalten!

Iatz is da Fasching wieda goa ...

Iatz is da Fasching
wieda goa,
iatz wiads schö langsam
ernst, as Joahr.
Des Buamasein
und Umatanzn,
des hört iatz auf –
iatz wiads zum Pflanzn
weil 's Joahr geht scho
auf d' Mittn zua
und kimmt ois Mo
schö staad in d' Ruah!
Und wann's ah nuh so
zünftig woa,
iatz is da Fasching
wieda goa.

Iatz derfts wieda ...

Iatz derfts wieda lacha,
da Fasching is weg.
De traurign Gsichta,
de stellts iatz ins Eck.
Iatz is 's wieda goa
mit Helau und Leilei,
de ernsthaftn Gschichtn,
de sand iatz vorbei.
Koa Mensch mehr volangt,
daß' zum Faschingsball hetzts
und daß' euch a lustige
Larvn aufsetzts.
Und essn und tringa kinnts,
was enk grad blangt
weil koana von euch eppas
Bsunders volangt.
Iatz schreit neamnd mehr „Auf gehts,
voziahgts euer Gfries!" –
Iatz derfts wieda lacha,
wann euch danach is.

Fastnzeit

Unsa Nachbarin,
sagt de Maierin,
is a recht a liabs, a christlichs Leut;

is da Fasching um,
wiad sie direkt frumm,
hoit sih wirklih streng an d' Fastnzeit!

Iatz hörn S' aba auf,
moant de Huabarin drauf,
de und frumm, iatz lach ih aba scho.

De fürcht bloß scho heit,
daß s' zur Badezeit
in Bikini nimma eine ko!

D' Figurprobleme

Gleih is de lange
Fastnzeit
vorbei;

Scho hamma wieda
a Figur
wia neu.

Iatz kemman
d' Osterfeiertag
in d' Nah;

Leut, de Figur
dahaltn, des
wiad schwaa!

Josefitag

Opa,
heut is fei Josefitag!
Opa,
hoaßt net du Josef, ha, sag?
Opa,
ih bin scho a rechta Depp,
Opa,
ih han gmoant, du hoaßast Sepp!
Opa,
du gell, ih mag dih fei schon!
Opa,
woaßt, daß ih 's Aufsagn schon kann?
Opa,
gell, für a schöns Gratuliern,
Opa,
da tats d' ma scho was spendiern?!
Opa,
eh grad a Zehnerl, a Zwee.
Opa,
aft kunnt ih zan Krammer a'e geh',
Opa,
weil ih dih goar so gern mag,
drum kauf ih mia was
zu dein' Namenstag!

Greane Flecke

Durt und da scho greane Flecke
und, nuh ganz vosteckt, a Blüah.
D' Kinda huckand auf an Schöcke,
Kuglscheibn toan s'. Wart's a Bröcke
scho steht s' Fruahjoahr vor da Tür.

Gleih is oisseg wieda frischa,
boi ma wo was Greans dasiacht.
D' Weibaleut toan a paar Wischa
über Bettn, Kastn, Tischa
und scho is de Stubn voll Liacht.

Soid ma da net hellauf lacha,
siahgt ma soviel Regsamkeit.
D' Mannaleut ham eahne Sacha
für de Zeit bon Wirt zan macha.
S' Fruahjoahr braucht viel Feuchtigkeit.

Durt und da scho greane Flecke
und, nuh ganz vosteckt, a Blüah.
Staad, alls gangat er auf Söcke
zrinnt da Schnee. Ja, warts a Bröcke
scho steht 's Fruahjoahr vor da Tür!

Und s' Diandl sagt ja

Drent auf da Höh
da schaut dih von Schnee
a Schneekaderl a. –
S Fruahjoahr kimmt scho!

Draußn vorm Haus
leint da Brunn langsam aus
und es is nimma koid. –
Fruahjoahr wiads boid!

Unta da Stiagn
putzt a uroide Fliagn
ihre Flügl recht schee. –
Fruahjoahr wiads ge!

Aber auf d' Nacht,
wann da Bua a weng lacht
und s' Diandl sagt ja,
is 's Fruahjoahr scho da!

Aprilwetter und Weibertreu'

Aprilwetter und Weibertreu',
sagn s' allwei, des war sih zgleih.
Wer auf sowas kemma is?
Is a Lug, desell is gwiß!

Is ja diam net zan vostehn,
da April so wunderschön
und de Weiber, mei o Herr,
schaun oft recht aprilisch her.

Und danach kannst wieda sagn,
hats ah diamal recht guat gratn
und es fallt oam d' Wahl frei schwar,
weil jeds Wetter schiacha war.

Mia gehts oanfach net ganz ein.
Miad halt doh auf de Weis' sein,
daß 's a Eck hätt mit da Treu',
des wa mögle, aber neu!

MARIA KRAUS   *Ein Sommertag*

Da is 's ganz leicht

Boi oisseg blüaht
und d' Sunn herlacht,
da is ganz leicht
a Verserl gmacht.

Und ah im Winter
boi da Schnee
so flockat herfallt
von da Höh.

Bloß wenn 's den
ganzn Summer regnt,
mei Liaba, da
bist sauber gsegnt.

Und fallat dir
af d' Letzt was ein,
so kunnt des ah grad
wass'rig sein.

Drum laß ah ih
des Verserlschreibn
beim Regnwetter
liaba bleibn.

A scho

Iatz schau no grad,
wia schö alls blüaht.
Des richt't oan auf,
des hebt oan 's Gmüat!

A so redt sie
draußt beim Spaziern.
Sie tat'n gern
a weng voführn.

Spürst denn du nix,
daß 's Fruahjoahr wiad?
A scho, moant er,
ih bin scho müad!

Ih denk ma halt

Ih woaß' net, was ih tat.
Allwei wanns Fruahjoahr wird
und wann als treibt und blüaht,
dann wiar ih fad.

Ih mag mih nimmer rührn.
Als tanzt und singt und lacht,
d' Natur is volla Pracht,
des kann ma 's stiern.

Des is fein scho a Gfrett.
Wann ih a Dirndl siech,
da gibts ma scho an Stich,
doh mehra net.

Ih denk ma halt, ja no,
schön is a ruahigs Lebn,
es muaß ah Staade gebn,
und bleib a so.

Wann da Guggu schreit

Wann da Guggu schreit,
dann bin ih lusti gstimmt,
weil nacha woaß ih, daß
bestimmt as Fruahjoahr kimmt.

Wann da Guggu schreit,
dann kimmts ma ah drauf o,
daß ih an Geldsack findt
mit dem ih schebban ko.

Wann da Guggu schreit,
dann woaß ih ganz genau,
daß ih ma wieda um
was Liabs zum Schötoa schau!

Und wenn ...

Und wenns ah grad a Haserl is,
des über d Wiesn hupft –
und wenn ah grad a Schwaiberl drinn
im Stall am Nestl zupft –
und wenn ah grad a Äpfelbam
vor mir steht in da Blüah –
und wenn ah grad a Starl pfeift,
voi Freud in aller Früah –
und wenns ah grad a Schafö is,
des über d Leitn springt –
und wenn ah grad a Madl wo
a lustigs Liadl singt – – –
und wenn ah sunstn goa nix war,
als daß ih mih grad gfrei;
des alls, ih ko euchs ehrlih sagn,
des war für mih scho Mai!

O Mei, o Mai ...

O Mei, o Mai,
is des a Freid,
o Mei, o Mai,
a scheene Zeit.
O Mei, o Mai,
im ganzn Gäu,
o Mai, o Mei.

O Mei, o Mai,
iatz is er da,
o Mei, o Mai
und sie sagt ja.
O Mei, o Mai,
wia i mi gfrei,
o Mai, o Mai!

O Mei, o Mei,
ihr moants, i spinn,
o Mei, o Mai,
des hätt koan Sinn?
O Mai, o Mei,
dann laß i's sei,
o Mai, o Mei.

A wengerl was ...

Am Sunntag, da is
wieda Muattatag;
mei, wann ma wissat,
was de Muatta mag?
De längste Zeit scho
ratn s' hin und her
und gang so oanfach
und ganz ohne G'scher:
Ihr machts da Muatta
gwiß de größte Freid,
schenkt's ihr a wengal
was von Eura Zeit!

MARIA KRAUS   Am Bach

A Feldweg

Vo drent über d' Höh
kimmt a Feldweg daher.
Er tuat sih net hart,
er geht kreuz und geht quer,

stroaft durt a weng d' Wiesna
und da a weng 's Feld
und geht oisa ganze
recht frisch duri d' Welt.

Er loahnt boi an Staudn
und boi an de Baam
und tuat grad, wia wann er
woaß wo daherkam.

Is iawend voi Staub
und von Stoanan net gramt,
danah is er wieda
mit Bleameln eingsamt.

Und derweilstn betrach'st
und schaust eahm nuh nach,
derweil is er drunt scho
voschwundn bon Bach. –

Es is grad a Feldweg,
net fein und net ebn,
net groß und net wichteg –
und doh voia Lebn.

Im Stau

Iatz steck ma wieder drinn im Stau.
De Wiesna grean, da Himmel blau
und mia vor Zorn scho grean und blau.

Iatz steck ma wieder drinn im Stau.
Und de, de vorn sand, gehts genau
so wia de hint, ob Mann ob Frau.

Iatz steck ma wieder drinn im Stau.
Da hilft ah net des frommste Gschau,
wenn net a Wunder kimmt, ganz blau.

Iatz steck ma wieder drinn im Stau.
Und dortn bleibn ma ah genau
bis daß der Summa umma is – ganz gwiß!

A Wirtshausgartn

Siehgst, hat er gsagt, a Wirtshausgartn,
desselbig war nuh was für mih.
Da kunnt ih d' Gmüatlichkeit dawartn,
da hockat ih mih ah nuh hi.

Und war de Kellnerin koa Dracha,
aft lassat ih mih gern voführn.
Ih tat a kloane Brotzeit macha
und tat am Bier a weng probiern.

Aft tat ih langsam weidatringa;
und draußn gang die Zeit vorbei,
ih sagat: „Grüaß dih, tua net hinka,
und laß dir fein a weng derweil!" –

Siehgst, hat er gsagt, a Wirtshausgartn,
des war da grechte Aufenthalt.
Da laßt sih d' Gmüatlichkeit dawarten,
den möcht ih sehgn, dem des net gfallt.

Urlaub im Gebirg

Iatz laßts enk vo mein Urlaub vozähln, den i heuer gmacht han. I bin a Flachgauer, no des wißts ja eh und da han i ma denkt, fahrst amoi ins Gebirg. Des soidsd ja do amoi kennalerna, is ja doh schiaga a Schand', scho so oid sei und nuh nia an Urlaub im Gebirg gmacht ham. Aber gell, heutzutag kimmst hoid ah leichta auf Jesolo oder auf Caorle – oder eppan ah auf Mallorca, wannst a wengl a Geldiger bist. Aber wia scho gsagt, i han ma 's Gebirg vürgnumma und des han i ah ausgführt.

Hat sih ois recht schö anlaßn. D' Logie is grecht gwen, 's Wedda hat ah tan, no und d' Landschaft – – – ja, d' Landschaft, a wengl eng is' ma scho vürkemma im Gebirg. Wißts eh, rundum is 's auffiganga, lauta Berign, oana nebn den andern, duri des ganz' Tal und hintummi ah nuh. I han oiwei gsagt, wann s' da obn nuh an Deckl drauf tatn, nachad wa ma drinn im Suppnhafn. I bin hoid des net gwohnt, weil mia Flachgauer, mia kinnan schau, soweit ma woin, da stehnd d' Augn net an.

Auf a Alm bin i natürle ah ganga, des muaßt scho toa, ham s' gsagt zu mia, auf 'ra Alm muaßt scho gwen sein, wanns d' scho im Gebirge bist. – No es is net viel dabeigwen, d' Weg hand zan findn gwen, soweits net markiert gwen han hast eh grad nach de laarn Krachaldosna, Keksschachtln und Zuckerlpapierln nachigehn braucht, no und fragn hast ja ah kinna.

Freilih mitn Fragn hats mih a wengl ghabt, weil i han oiwei de gfeihltn Leut gfragt, de mitn Trachtngwand und mitn Jagahuat, aber de hamd sih selm net auskennt, weil des hand de Fremdn gwen; i hätt de fragn soin, ham s' ma spata gsagt, mit de Ti-Shirt und mit de Jeans-Hosna, des warnd de Einheimischn.

Aber wia scho gsagt, des hand Kloanigkeitn gwen, des is ois wieda vogeßn gwen, wia i auf da Alm obn ankemma bin und d' Speiskartn glesn han, da bin i aft gleih wieda so richteg dahoam im Flachgau gwen, da hats „Hamburger mit Pommes-Frittes und Catchup" gebn und dazua „eine schöne Cola".

Load is ma grad gwen, daß i net bis auf d' Nacht bleibn han kinna, weil da hätt i nuh a „urige Meisterjodlerin" zhörn kriagt, mit echter Alpenmusikbegleitung.

Bua, schad!

Bergmess

An aran Tag, wo s Wedda tuat,
da gehts in aller Fruah scho furt;
a Bergmess wa zum bsuacha.
Im Rucksack is da Proviant,
fürn Fall, daß ma am Berg nix fand,
mit Würscht und Bier und Kuacha.

A jeda moant, wia schö daßs is,
es is ois wia im Paradies;
se gengan durchn Gadan.
Koa Schnaufa plagts und a koa Schwitz
neamd spürt a Müadigkeit, a Hitz,
bloß, an de Füaß hams Bladan.

So steht de ganze Betterschoa
recht andächtig um an Altoa;
da Pfarra gibt sein Segn.
Da Herrgott aber hat sei Freid,
er denkt sih, iatza tuats scho, Leit,
und schickt an kloana Regn!

De rastate Zeit

An Hiarest, sagn d' Bauern,
derfst an Wedder net traun,
da hats net weit zuawa,
da stehts hintern Zaun.

Kam daß 's amal schön is
und d' Sunn a weng leucht,
da hat s' de next Wolkn
scho wieder voscheucht.

Auf d' Nacht kreilt da Nebel
staad her über 's Land
und huckt auf de Baam
wia a Trud umanand.

Und scho oan Tag drauf
is 's goar net bestimmt,
ob net aus dem Nebel
a Regn aussakimmt.

Drum, moan ih, is 's gscheida
und besser kimmst draus,
du bleibst in da Stubn drinn
und warmst dih guat aus.

Iatz kemman de Wochan,
wo d' Arbat net schreit.
Drum laß ma s' uns woihl sein,
de rastade Zeit.

Spatherbst

Da Wind suacht umanand am Feld,
ois hätt er was verlorn,
am Berg liegt nuh a Flecke Sunn,
ois war 's vogeßn worn.

Da See, der is so ernst und staad,
ois traamat eahm von was
und d' Luft is scho so sauba worn,
ois wia a frischputzts Glas.

Da Wald der leucht in alle Farbn,
ois hättn wer frisch gmalt.
Und 's ganze Land schaut aa so her,
ois war eahm a weng kalt.

Im Nebe

Iatz deckt scho s' Lauba oisseg zua
des obag'rost is vo de Baam;
durch d' Wiesn ziahgt da Wind sei Spur,
schö langsam kimmt ah 's Joahr zua Ruah
und richt't sih für an langa Traam.

Ganz hintn in da Hollastaudn
hängt wia dafrorn a Bröcke Zeit;
und ah de Flecken, de kloan blaun
am Himme drobn, kriagn matte Augn
ois fehlat eahn auf oanmoi d' Freid.

Im Nebe tröpfelt durt und da,
da letzte Voglgsang ganz staad
vo z' höchest drobn dahero;
und a kloans Mäuserl, des hockt da
wia wann 's de Notn mitzähln tat.

Spathiarest

Scho ruck' ma wieda a weng zsamm.
Es gehn scho d' Nebeln umma.
Im Ofn, wo ma einghoazt ham,
vobrennt iatz in da erschtn Flamm
de Freud vom letztn Summa.

As Joahr, des wird scho oiwei gringa.
Da Hiarestwind is auf da Geh'.
Eahm hörst a anders Liadl singa,
dessell vom Friasn in de Finga
und vo da Freud am erschtn Schnee.

Dö Heilig' Nacht

Da Hof is heut so liacht.
Ma woaß nöt wia oam g'schiacht.
Was is dös für a Schei(n)?
Dös muaß was B'sundas sei(n)!?

Wiaso geht heut koa Wind?
Ob eppat nu wer kimmt,
Weil oissand umadum
Nu auf hand a da Stub'n?

Was is dös für a Nacht?
A niada halt' nu Wacht.
Ja is denn koana müad?
Daß 's heut nöt finsta wird?

Da, schaut 's nur grad, dö Stern,
Soid dös was B'sundas wern!?
Und drunt' an Dorf, dös Gläut',
Wann dös nix Guat's bedeudt'?

A so ham's g'wart' oisand.
Und deacht hat 's jeda g'spannt;
Wia kunnt 's denn anders sei(n):
Dö Heilig' Nacht ziagt ei(n)!

A poa Tag nuh ...

A poa Tag nuh
und des oid' Joahr
is vorbei,
oanfach so fort
und vor uns
steht des Neu'.

Und des Neu'
des vowaht grad so
wia des Oid'
und neamd hat
nuh gfragt,
ob uns des gfoit.

Und derweil
mia nuh schaun,
da is 's ah scho zspat.
Da is auf de Weis'
a ganz' Lebn
vowaht!

Rund um
an Kirchaturm

MARIA KRAUS Bei Aspach in OÖ.

Rund um an Kirchaturm

Rund um an Kirchaturm
is alls beinand.
Es is a feste Welt
mitt'n im Land.

's Lebn geht sein gleich'n Gang,
koana halt 's auf.
Alls hat sei Richtigkeit,
schau'n ma uns drauf.

Iawend amal kunnt 's sein,
daß epp's net stimmt
und daß des gebat Lebn
ah a moi nimmt.

Helft des ganz' Rantn net,
muaß scho so sein,
rund um an Kirchaturm.
Schick' ma uns drein!

A Gwürzsträußl

Am Gwürzsträußl dran
hat a niads Ding sein Platz.
Und so fest is 's beinand,
wia ih und mei Schatz.

Am Gwürzsträußl dran
hat a niads Ding sein' Nam'.
Und as Bandl is d' Liab
und de halt als zsamm.

Am Gwürzsträußl dran
hat a niads Ding sein Bstand.
Und so wolln ah mia sein,
so bstandig mit'nand!

Wia soid oa'ns denn sei?

Wer an Kino gern sitzt,
wer ban Twist-tanz'n schwitzt,
wem d' Tschess-Musi g'freut,
grad am Fuaßballplatz schreit,
wer s' z' Fuaßgeh voächt
und grad Autofahrn mecht,
wer net wegz'bringa is
boid a Fernsehgspiel is;
und wem 's übahaupt g'fallt
boid 's dunnert und hall't.
Da sell is wia a Pfluag
der net einigeht gnuag –

Wer a Aug hat für 'n Wald,
wem a Troadfeld guat g'fallt,
wer si a a weng b'sinnt,
boid a Vogei schö singt,
wer an Feldweg dakennt,
net a's Gras einirennt,
wer s' Almvieh gern mag,
wem 's net z'hoaß is bon Tag.
Wer net s' Fürcht'n anhebt
weil 'n s' Finsterwerd'n schreckt –
Da sell is wia a Mah'd
net z' broat – und pfeilgrad!

Ja es soid oan's so sei
net gar z' stad, net z' laut schrei,
ba da Gaudi net z' schlau,
ba da Arbeit genau!

Des alte Liad

Übern Zaun übegstiegn,
hoaßt an alts Liad;
doh in da heutign Zeit,
bringst de Buam net soweit,
de hand viel zmüad.

Bois mitn Auto geht,
aftn is 's grecht.
Weil da gehts, ohne Frag,
mit wenig Müah und Plag,
z' Fuaßgehn is schlecht.

Und ah a's Fensterlngeh',
der Brauch kimmt a.
D' Loata, de liegt in Gras
weil überhaupt zu was,
wa d' Haustür da.

Boids a so weidageht,
Bua, da werds schaun. –
Heirat' ma, in Gotts Nam'
aftn kimmt s' Sachl zsamm,
brauch ma koan Zaun.

Was toa

Da Hoisl z' Haag
möcht jedn Tag
mit seiner Karrn
a's Menschern fahrn.

Es wa ja grecht,
daß er des möcht,
grad 's Auto gell,
geht net so schnell.

Und s' Mensch is weit
da brauchst dei Zeit,
weil hin und zruck
is 's hübsch a Stuck.

Kam is er durt
da muaß er furt
und des steht ihr
net recht dafür.

Was iatz da Bua
austauschn mua,
sollt eahm wer sagn.
S' Mensch od'r an Wagn!?

A neicha Brauch

Da Huababauer is bon Heu
da kimmt a Maler zuawa,
tuat zerscht a wengl gschreckt und scheu
aft redt er 'n a an Huaba:

Er tat hoid gern da auf da Woad
des Viech a wengl malna,
es gschach eahn ganz bestimmt koa Load
de Küah da und de Kalma.

Da moant da Huaba: „Was di rannt,
des wa a Brauch a neicha,
mei liaba Freund, d' Küah bleimt wia s' hand,
an Hehnerstall kannst streicha!"

Oiahand sagt a ...

Bei de Wahln
sagt a
Leit denkts dran
sagt a
da schaffts ihr
sagt a
oisseg an
sagt a
und danach is s
sagt a
wie bei alln
sagt a
der was anschafft
sagt a
derf a zahln.

Hams an Bauern
sagt a
redn ghört
sagt a
dann hams gsagt
sagt a
der redt gschert
sagt a
und des Gscherte
sagt a
hams entdeckt
sagt a
und des hoaßt iatz
sagt a
Dialekt.

Ja, wenn ...

An Simmalbauan drentan Tal
denselbn hamds iatzt ara moi,
ko sei, eh zwegn sein Haufa Geld,
an Dorf als Burgamoasta gwählt.

Da Simmal hat eahm 's eh scho denkt,
drum hats 'n a net weida kränkt,
so daß er nach der Wahl pfeilgrad
a ettla Lita ausgebn hat.

Bon hoamgeh, scho a wengal spat,
da hats an Simmal schiaga draht
und aufra moi, da hats 'n packt
und er hat zu sein Spezi gsagt:

„Siagst", hat er gsagt, „iatzt schau di o,
an Dörfl wa i da erscht Mo,
iatzt boi i net voheirat' wa,
aft kunnt ma neamd mehr dreinredn a!"

Da Beruf

A so um d' Ferienzeit is 's gwen,
da keman s' auf d' Berufe zredn
und da Herr Lehra fragt destwegn
was d' Buam amoi gern lerna mögn.

Da geht a glei des Herzähln an,
als erster fangt da Simmei an
er wiad a Schneida, und da Franz
wuad gern a Tischla, und da Hans

der wuadat gern Mechaniker,
da Loisei gang zan Militär,
des hoaßt, wann er hoid tauglich wa –
da Fritzei tuatsi a net schwa

er wiad a Schuasta, und da Max,
der mag de Bleameln und des Gwax,
drum möcht er hoid an liaban glei
nachn Schuigehn in a Gärtnerei.

Und grad da Hiasei woaß nix Gscheid's, –
mei, mit dem Buam is 's hoid a Kreuz,
da Lehra plagat se ja schon
es tuat hoid oanfach nixeg an. –

Iatzt aba zoagt er fleißig auf.
Da Lehra ruaft 'na glei auf:
„No Hias, was wuadatsd denn du gern?"
„I möcht a Summafrischla wern!"

MARIA KRAUS *In der Salzburger Chiemseegasse*

Emanzipiert ...

Ih moan, solang ih denkn ko,
geht Briafaustragn bei uns a Mo,
a Briaftraga, so sagn hoid mia,
der geht bei uns vo Tür zu Tür.

Da siahg ih neulih, glaubts ma 's Leut,
a mudlsaubas Weibaleut,
wia sa sih mit da Taschn plagt
und überall de Post austragt.

Ih reim ma hoid de Gschicht so zsamm,
weil s' oiweil so dahergredt ham,
de Hausfrau hätt seit oida Zeit
mitn Briaftraga de größte Freid,

heut is scho alls emanzipiert
und daß de Gschicht a so sei wiad:
de Briaftragerin schickt ma grad,
daß hoid da Hausmann ah was hat.

Fortschritt

Da Großvata hat oft vozählt,
für eahm hams fei an Haufn Geld
am Tisch legn müaßn und des grad,
damit er Schuigeh kinna hat.

Bon Vatan is' scho leichta gwen,
denselln hör i nuh oiwei redn:
er derf in d' Schui, dort wiad er gscheit
und über des hat er sih gfreut.

Bo uns hams da net recht viel gredt,
obs dih iatz gfreut hat oder net,
du muaßt in d' Schui gehn und des gleih
und daß d' ma ja was lernst dabei.

Für unsre Kinder, wia ma woaß,
lauft oisseg in an andern Gloas,
da is' scho wieda leichta worn,
de wern in d' Schui mitn Schuibus gfahrn.

Und obs mas glaubts iatz oda net,
i moan, daß des nuh weidageht,
daß unsre Enkelkinder gern,
fürs Schuigehn numoi zahlt kriagn wern.

Latein

Da Lehrer a da Taferlklass'
Der moant, er macht 's recht griss'n
Und fragt halt seine Buama aus
Was 's für ö Sprachan wiss'n.

Dös is aggrat dö richtig Frag.
Und d' Buama gfrein si damisch,
Sö zähln'd eahm glei a nettla auf:
Englisch, Französisch, Spanisch.

Chinesisch, Russisch und so furt,
Es gfreit'n frei an Lehra
Und weil dö Buam so aufgwöckt hand
Vozählt er eahn nu mehra:

Die schwerste Sprache die ist wohl
Latein – ja, und darum
Lernt man die Sprache in der Stadt
In dem Gymnasium.

Da springt eahm mitt'n in sei Röd
Von Jaga Lipp da Kleana:
Latein is dös, wan d' Jaga lüag'n,
Dös is scho zan dalerna!

D' Hasnjagd

Vo Haus zu Haus
wiads weidagsagt:
Heut Nachmittag
is Hasnjagd!

Beim Weiherl kemmans
alle zsamm:
De Jaga, de scho
d' Büx gricht ham,
de Treiba han
mitn Stecka da
und d' Hund, de reißn
d' Schnür frei a.

So hat an iada
was zan gfrei'.
Grad – Has möcht ih
hoid koana sei'!

D' Raufa

Wia hast gmoant?
Was hast gsagt?
Sags nuh amal!
Werst gleih a Tetschn kriagn
und danah kannst scho fliagn
aussi bon Saal!

Mechst leicht was?
Kimm nur grad,
geh ma nur her!
Boidsd oane kriagst, des spannst,
daß d' auf oan Haxn tanzt,
grad wia a Bär! –

Auframal
kemman drei.
Sand gar net müad.
Und mitn Kopf voran
hamd s'n aft aussitan,
druntn bein Wirt!

Umkehrt

Im Fasching hat er s' kenna glernt,
auf jedn Ball sand s' gwen
und lusti war 's oft bis in d' Früah,
vom Hoamgeh' goa koa Redn!

Vosteht sih, daß er s' gheirat hat,
boi ma sih so votragt,
da kanns doh bloß des Oane gebn,
so hat er zu eahm gsagt.

Iatz is da Fasching lang vorbei,
er hätt vom Tanzn gnua,
iatz aber muaß er weidadrahn
und sie, sie pfeift dazua!

Weil 's allweil anderscht aussakimmt

A so, wias d' einischreist in Woid,
so hoaßt 's daß wieda aussahoid.
Und ih sag wieda der Spruch stimmt:
daß 's oiweil anderscht aussakimmt!

Ja gwiß, dessell beweis' ih enk
iatzt habt's na staad und lost's a weng.
An Seppn hat sei Weib seggiert,
desselbig hat eahms mentisch gstiert.

Drum hat er 's hoid an niadn klagt,
und paßt, daß er wo epps dafragt
mit dem sei Weib zan Bremsn wa.
Sei Spezl moant, des wa net schwa,

den bessan Rat den hört ma hoid
bon Echo drunt, am Möslwoid;
da stellst di hie und schreist, net fad:
„I mecht mei Hausrecht!", aft bist staad. –

I sag enk was, da Seppei tuat 's
und aussaghoid is ganz was Guat's,
wia er sei Hausrecht so begehrt,
hast: hau s' recht, hau s' recht aussaghört!

Da Kramma-Loisei

Meine Herrschaftn! Da gehts her! Da gehts zua! Des muaß oans gsehgn ham und probiern! Das Wunderpickzeug! Pickt oisseg: brochane Hefn, Bleamelvasn, Papier, Porzellan, Pfeifnköpf, zrißne Büachl, Radlschläuch ...

Ja d Muatta, geh na her, schau da des Gspiel amoi o, hast ja gwiß was Brochas dahoam, wann ih da sag, oanfach oisseg kannst damit picka ...

Was moant da Herr? A Glumpat?! Ja was wa denn des, hast ghört, a Glumpat! – Geh her, nachad pick i da dein Huat auffi auf dein Gipskopf, daß d moanst, er is da angforn ...

Habts iatz sowas scho ghört, a Glumpat! – meine liabn Leit, a Glumpat! – a niada ko si selm übazeugn: da nimm i an brochan Tella, lauta Scherm, nix mehr zmacha – moant ma! Da, i nimm a bissei an Pick, streichn drauf, da, iatz tua i de Scherm zsamm, so – und iatzt – wo is der Tella brocha? An neichn Tella han i da, nixeg zan kenna ...

Gell, Muatta, da schaust...

Was? Du hast koan brochan Tella dahoam? Wart nua, boi dei Alter amoi net aso mag, wia du! Dauat net lang, scho hast an brochan Tella. Siagst, und iatzt bist du obenauf! Du nimmst oanfach a weng an Pick, pickst den Tella wieda zsamm und iatzt kannst eahm den Tella wieda auffihau – und des so oft, wiast d magst! Was moanst, was da du do dasparst ...

Ja den schau an! Ja, du da hint! Ja, di moan i scho, mit dein wagglatn Kopf! Den pick i da scho a nu an ...

Wagglat der mitm Kopf, hast ghört, bei dem Pick! – Oisa meine Herrschaftn, a niada ko des sehgn, koa Schwindl, koa Betrug, lauta Pick ...

'S Fräulein kauft a Schachtal, so is' recht! Da werd da Herr Bräutigam scho picka bleibm ...! Ja was is denn mit ihr da drennt?! Ja si lacht! Ja mei, da bleibt freile koana mehr picka! Aba ament is deacht nu was zmacha, probier's no, nimm da no a Schachtal hoam, nacha kannst da amoi dein Kepplzahnd anpicka, daß a da net aussafoit ...

Mia machan nu an Vasuach! Oisa – da nimm i an Radlschlauch! Wia a is – drei Löcha und voia Dreck! I nimm an Pick, streichn drauf, so, a Trumm Gummi her, zsamm damit, so und da a nu a weng higstricha – und firti is de ganz Gaudi. Des halt! Meine Herrschaftn, da kinnans auf Rom fahrn ...

Was moanst Bürschal, aufpumpn soid i 'n? Du gell, laß dei Rozzglockn wo anders hihänga, net grad auf mein Tisch! So a Lausbua, hast ghört, iatzt vaschwindts d aba, sunst pick i di a nu dazua ...

Oisa de heitige Jugnd, hast ghört, koan Respeckt mehr vorn Alter und vorn Pick! A so an Pick, meine Damen und Herren, a Riesenschachtl, und so billig, frei gschenkt ...

Wia meinen? Was Gschenkts is nix wert? Ja den hör da an! Ja freili di mecht scho koana gschenkt, hast ghört! A so a Protz ...

Meine liabn Leit, a paar Schachtal hätt i nu da! Lauta prima Pick! Pickt oanfach oisseg, Hoiz und Porzellan, Papier und Glas, Kaffeehaferln und Seicha, Kochlöffel und Schuach, vom schwächstn Trumm bis zan stärksten Eisn ...

Er glaubts net, da Herr Student?! Ja freili! Für di wa der Pick scho a guat, auf d Schuibank hi, daß d amoi hocka bleibatsd und was lernatsd ...

A paar Schachtal hätt i nu! Lauta prima Pick, meine Herrschaftn, greifts no zua, ehvors zspat is ...

Zeit zruckdrahn

Mei, hat dersell gjammert,
wia war da des schee';
wann ma d' Zeit zruckdrahn kunnt,
wia guat tats oam geh';

Da wurd wieda oisse
schee gmüatlih und rund,
koa Jagn gabs koan Streß net
grad d' Ruah war oam gunnt.

Geh zua, moant da ander,
wanns sunst nixeg war,
dei Wunsch ko erfüllt wern,
des is doh net schwar:

Iatz kimmt eh da Hiarest
und da ghörts dazua,
daß d' Zeit wieda zruckdrahst,
dahoam, auf da Uhr!

A schöne Zeit

Bal ma scho an Winter gspürt
und bal 's draußt boid finsta wiad,
mag ma nimma recht weit gehn,
aft wiad 's a da Stubm erscht schön! –

Brennt an Ofn drinn a Scheit,
is 's schon da, de Gmüatlichkeit.
Nimmst a Klampfn und spielst auf
singst an kloana Jodla drauf,

eppan fallnd a mittndrein
a da Muatta Gschichtln ein
und de Kinda losnd frei,
geht 's recht grausig zua dabei.

Aba gell, weit weg davon! –
Grausig zuagehn tuat 's ja schon
bringt an Fernsehgn so a Trumm
glei des halbert Dörfl um

oda macht da Cowboy Franz
mit da Bix an soichan Tanz,
daß da Scherif schiaga rehrt. –
Ja, des Fernsehgn is was wert,

Bua, da glotzn s' ei a d' Röhrn,
bis eahn d' Augn frei rinnat wern. –
Gell, des is a schöne Zeit?
Gspürst as frei, de Gmüatlichkeit!

MARIA KRAUS   Am Neusiedlersee

Seewinkl

Zwischn Felder und Wiesn und Wein
liegt da See.
A Vogl müaßat ma sein,
hoch drobm in da Höh'.

Da Wind, der wuad oam staad wiagn
weit hin übern Woid.
Wer sagt, daß eahm des net gfoit,
i moan, der tat lüagn.

A Handvoi Zeit

A Feld, a Wiesn ohne End,
a Wassa, des im Sunnstrohl blendt,
a Weinstock, überstraat mit Blüah,
a Bauer, niederbuckt voi Müah,
a Weg, dastaubt bo jedn Gang,
a Himmel voia Voglgsang,
a Kiraturm vowaht im Gläut,
a Lebn – oiszsamm a Handvoi Zeit.

Angst

Geht oana
bo dir vorbei,
rennt dih fast
üban Haufn
und sagt grad:
pardon.

Es gibt dir
an mordstrumm Riß,
du schaust eahm
ganz damisch nach
und kriagst frei
Angst.

Und da kimmst
auf oamal drauf,
daß d' nimma
dahoam bist,
weil da sagn s':
Öha!

Dreimoi gscheit

Unta da Bruckn huckn
und Handal druckn
mit Dir alloa;
und mit de ganzn Narrn
de obn drüberfahrn
nix ztoa!

*

Jedn Tag soisd
a Gsetzl betn
daß d im Alter
friedli wiast;
daß d net rumfahrst
wia d Raketen
und de junga Leit
seggierst!

*

Es macht nix
wenns d net oiwei lachst,
es glangt wenns d s Mäu voziagst
und wenns d koa zwidas
Gsicht hermachst
und freindli liagst!

Des hat ma heut a so

A weide Hosn,
Stöcklschuach,
a wildlederns Sakko,
von letzten Kriag
a Koppelschloß,
des hat ma heut a so.

An Schlapphuat
mitra Fedan drauf
vom Vogel-Ninaschtwo,
und s Gwand, des wischt
de Straßn auf,
des hat ma heut a so.

A Auto,
des scho schiaga zfoit,
und herkimmt wer woaß wo,
koa Geld im Sack,
und saudumm gschaut,
des hat ma heut a so.

Wersd bist, wiasd hoaßt
und vo wosd kimmst
und ah wosd hinwillst noh,
um des, da kümmert sih koa Sau.
Des hat ma heut a so!

Zviel is 's

A Heimorgl hat er,
a Überschlag-Lok,
a Uhr hat er a scho,
zu der sagt er Clock,

an Kinderstaubsauger,
der sagt eahm net viel,
a Computer is da,
und a recht a gscheits Spiel.

An Swimmingpool gibts
in da Play-Wiesn drinn,
an Bagger, an Fliaga
und a Aufzugsmaschin.

Ih ko 's net alls herzähln,
aber zviel is 's bestimmt,
des was eahm im Zimmer
an Platz weggatnimmt.

Und a Spieldeckn hat er –
auf der liegt er, da Bua,
und spielt mit an Holzscheit.
Dessell is eahm gnua!

An a Fernseh-Ansagerin

Oiso woaßt,
i hab glaubt,
du bist nua zu mia
so liab
und so freundlih.

Aba neilih,
bei mein Nachban,
da hast aus sein
Fernsehkastl ah so
liab aussagschaut.

Des hat ma
fei net gfoin,
des derfst ma
glaubn.

An a Fernseh-Ansagerin

Oiso woaßt,
gestan auf d Nacht,
in mei'm Wohnzimma,
da hast mih
so liab anglacht.

Und heit,
wo i vor dir steh,
da tuast,
ois hättsd mih
nu nia gsehgn.

Des is fei
net nett von Dir,
des derfst ma
glaubn.

Zwoaspannig

Iatz bin ih seit vierzg Joahrn,
oiweil zwoaspannig gfoahrn,
aber d' Zeit bleibt net stehn
und schö langsam hoaßts gehn. –

Ois Kanzleileiter draus,
spann ih an Amtsschimmel aus,
weil, dessell is net glogn,
er hat nimma recht zogn.

Ois da Radioschreiba
gehts mitn Pegasus weida,
dersell hat gnua Kraft,
daß er 's nuh a Zeit schafft.

Und so kinnts mih nuh gern
ab und zua amoi hörn.
San 's ah grad a poar Stund;
pfüat enk Gott und bleibts gsund!

Laß dir net einschau ...

Gehts dir ah net oiwei aufa,
is dir einwendig oft letz,
bist net oiwei gleih bon Dasein
mit da Gaudi und da Hetz;

laß dir net vo jedn einschau,
mach a Gsicht wia a Chines,
lach a weng und tua recht freundlih,
nachad is dir koana bös.

Weil deselln, de ois gleih herzoagn,
gell, de hand net oiwei g'acht,
ja es kunnt amend da Fall sei,
daß ma über soiche lacht.

D' Schadnfreud, de derfst koan gunna,
sowas war auf jedn Fall dumm.
Gscheida is, de hand voi Neugier,
weil desell bringts selba um.

Stoiz

Du bist iatz wer,
du hast a Kraft,
du hast dir was
im Lebn gschafft;
du stehst in voller Blüah.

Da kimmt an Herrgott vür,
er müassat da was toa.

Er gibt dir grad
an kloana Stoß,
du wirst dei ganze
Gscheidheit los;
und scho bist wieda kloa.

Einwendig

Es is scho a so
und es muaß woi so sein,
wanns d' einwendig schreist,
nachad hört dih neamd schrein.

Und kimmt dir ah vüa,
es tat eh scho so laut
und a jeda müaßts kenna,
der grad a weng schaut

und der grad a Gfühl hat,
der müassat des gspürn,
wia 's in dir drinnat is
und er müaßat sih müahn,

und es müaßat wer helfn.
Doh neamd, der dih weis'd. –
Weil es hört dih hoid neamd,
solangst einwendig schreist.

A Stern, der sih Hoffnung nennt (I)

De Familie, vo der ih euch heut vozähln möcht, is eigentlih des ganze Joahr um de Weg. Aber es is hoid amoi a so, daß s' grad um de Zeit leichter wahrgnumma wiad, weil des hoid überhaupts de Zeit is, wo um Herberg anghaltn wiad.

Er, da Mo, is oana, der net grad guat ausschaut. D' Augn liegnd tiaf drinnat, zaundürr is er und auf und d' auf schaut er net viel gleih. An Tod sei Bruada, sagat ma hoid, wann man gach beschreibn müassat.

Sie, d' Frau, is net viel bessa bonand, a Boanagstell, hint und vorn nix dro und s' Gwand ah kloa daschlißn.

Vom Kindl aba, des s' ah dabei hamd, is überhaupts net viel z' sehgn. Grad queagezn hörst as hoid, aber ah so lab, daß d' moanst, es machts nimma lang. Zsammt dem aba hupfts hint nachi, wia a kloana Fetznbinkl auf Haxn.

Ganz hint nachi aber is nuh a schwarz's Rößl ganga. Den hams an so an Hadernsack aufbundn ghabt, mit a poa Trümmer, de eahn ghört hamd oder de s' aufn Weg gfundn oder dabetlt hamd. Des Rößl is nuh an bessan dro gwen, es hat eahm am Wegrand a wengl was azupfn kinna boi se's goa zbitta ghungert hat. Zsammtdem hats trauri gschaut und is ganz kreuzlahm dahigschlicha, goa net wia a richtegs Roß. –

Ja und hiatz, moan ih, derfat ih enk a sagn, wer de Familie is, de ih enk da beschrieben han. Obwoih, daß ih moan, ös habts de Familie gwiß scho iawend gsehgn, wenigstens de ältern vo enk.

Er, da Mo, er is da Hunga. Sie is d' Not, no und s' Kindl is s' Elend.

No und iatz, moan ih, werds woih des Rößl ah dakenna, weil da wo da Hunga, d' Not und s' Elend hand, da is d' Traurigkeit ah net weit und schleicht wia a schwarz's Rößl hintnachi und ih han gwiß ah net zviel gsagt am Anfang, wann ih behaupt han, daß de Familie net grad um de Zeit um de Weg is.

Ah Stern, der sih Hoffnung nennt (II)

Ma muaß sih vorstelln, a wengl daustahoil vo da Stadt, inran großn Gartn is an Reichtum sei Haus gstandn. Des Haus, moan ih, brauch ih net extrig beschreibn, weil was ko da Reichtum ah scho für a Haus habn, a kloans bestimmt net.

Er selm hat grad bon Fensta aussagschaut und hats ah gleih scho dasehgn, de Familie, wia s' direkt auf sei Haus zuaganga hand.

Ös derfts wißn, daß s' hoid ah a wengl an Untastand gsuacht hättn, amend ah a wengl a Vowandtschaft. No und han ma net alle a wengl vowandt mitn Reichtum, wann a iaband recht weitschichti?!

Er is ah scho druntgstandn bo da Haustür, wia s' zuawakemma hand und „was hats denn ös für oa", hat er gfragt.

„Ja", hat der Mo gsagt, „du werst uns doh kenna, ih bin da Hunga ...". „Dih kenna", hat da Reichtum gsagt, „ih dih kenna, geh schau, daß d' weidakimmst, ih kenn koan Hunga, ih han nuh nia an Hunga kennt. Was is denn nachad sie für oane?"

„Mei Frau", hat da Hunga gsagt, „mei Frau is sie, d' Not, sie wead da gwiß bekannt sei?!"

Da hat er lacha ah nuh müaßn, da Reichtum, „Da Hunga und d' Not", hat er gsagt, „und ih, da Reichtum, müaßat euch kenna, mei Liaba, du volangst scho was vo mia, des war da vielleicht so a Elend!"

„Siahgst", hat da Hunga gsagt, „unsa Kindl kennst wenigstens, s' Elend, ih han ja gwißt mia hand da bekannt. Und unsa Rößl, d' Traurigkeit, des wead ..."

Da Reichtum hatn aber nimma ausredn laßn, „nix", hat er gsagt, „kenn ih, ih da Reichtum kenn koan Hunga, koa Not und koa Elend und drum kenn ih ah koa Traurigkeit!", und er hat d' Tür zuaghaut und hats draußn steh laßn und drinnat hastn nuh lang lacha ghört.

Dös hama iatz", hat d' Not gsagt, „weilst oiwei moanst, a jeda müaßat uns kenna und weilst oiwei gleih so gach zuawirennst, boisd wo oan aussaschau siahgst, und du brauchst goa net a so dreischau; grad weil uns oana net kennt, muaß er nuh koa schlechta Mensch sei. Und wer woaß 's ob er uns net ah nuh kennalernt, weil, wia scho gsagt, a wengl vowandt hamma ja, wann ah weitschichte!"

A Stern, der sih Hoffnung nennt (III)

A d' Stadt hands nachad goa nimma eine. Se hamd zwoa gwißt, daß da Geiz und d' Hoffart a schöns Hotel hamd da drinnat, aber se hamd eahns gleih scho denkt, daß de zwoa gwiß ah net viel ztoan hamd mit eahn.

Freile, ganz a so is 's ah wieda net. D' Hoffart hätt an Hunga scho kennt, ja sie hatn sogoa iawend ganz gern ghabt, weil iawend hat er ihr gholfn. Ja, ös habts scho recht ghört. Da Hunga hat in da Hoffart ghoifn. No ja, des müaßts a so vosteh', a wengl a Hunga, der helft mit, daß ma schö schlank bleibt, no und schlank is 's gern gwen, d' Hoffart, des hat bo ihr dazuaghört.

Da Geiz wieda hat d' Not und s' Elend net ungern gsehgn. Des hoaßt bo eahm hat er 's net habn müaßn, aber bo andern Leutn, da hands eahm scho recht gwen, da hat er recht gern zsammgarbat damit.

Aber wia gsagt, se hand net hin de drei, weil se hamd eahn ah denkt, daß d' Hoffart und da Geiz gwiß ah koan Stall für d' Traurigkeit hättn; und daß 's gscheida war, wanns gleih scho net hingangatn.

Und a so is d' Stadt auframoi goa worn und se hand in Wald donikemma.

Da is mittn unta de oidn Baam a Keuschn gstandn. A recht a zlempate. D' Bretta hamd umadum nimma recht ghoitn und bon Dach hats ah scho sauba durchig'rengt.

Da is d' Armut dahoam gwen.

Sie hats scho vo da Weitn kemma gsehgn, de drei mit eahn schwarzn Rößl und hat eahn scho entgegngschrian: „Han eh scho gwart! War scho aus, wann da wo d' Armut dahoam is, net boid ah da Hunga, d' Not und s' Elend ankammatn. Kemmts no eina in d' Stubn, mia ghörn ja doh zsamm!"

Und wia da Hunga was von Rößl-Einstelln gsagt hat, da hat d' Armut gmoant, „geh zua, Vetta, des brauchst net ztoan, weil da wo d' Armut, da Hunga, d' Not und 's Elend bonand hand, da stellt sih d'Traurigkeit ganz vo eahm selm ein!"

A Stern, der sih Hoffnung nennt (IV)

Um de Zeit aber, wo sih des ois zuatragn hat, da is in denseln Woid nuh oana aufn Weg gwen.

Er hat ah net viel ghabt. Sei Gwand is recht oanfach gwen, aber sauba. Er hat a so a Taschl umghängt ghabt, mit de poar Kloanigkeitn, de eahm ghört hamd und daß er leichta geht, hat er ah nuh an Stecka dabeighabt.

Und weils scho draufab finsta worn is, da hat er eahm um a Bleibm umgschaut und da hat er 's Häusl vo da Armuat dasehgn.

„Wia kimmst iatz du da daher, mittn in da Finstan?", hamdsn gfragt, wia er auf oanmoi in da Stubm gstandn is, „und wer bist überhaupts?!"

Er hat a wengl umanandagschaut, hat de armselige Gsellschaft gsehgn und hat gmoant, „ih moan, da bin ih grad nuh abganga. Ih bin da Guade-Muat und wia ih hergfundn han is leicht erklärt, mih hat a Stern gweist. A Stern, der sih Hoffnung nennt!"

Und wia der des a so gsagt hat, da is 's in da Stubm frei a wengl liachta worn und d' Armut hat gmoant: „So hock dih hoid her da zu uns, a wengl was werd scho nuh da sei für dih!"

Und da Hunga und d' Not hamd ganz ungläubig gschaut, weil eahna Kindl, 's Elend, auf oanmoi nimma grehrt hat.

Und sogoa daußt vom Stoi eina hast vo da Traurigkeit an ganz an muntan Blosa ghört, wia wann oana nachra schwarn Pein aufschnaufat. –

Ja und iatz gibts eigentlih scho nimma recht viel zan vozähln.

De ganz Gsellschaft is nuh recht grüabig bonandaghuckt und wanns ah net recht viel ghabt hamd, da Guade-Muat hat allweil wieda ebbs gwißt, was eahn gfoin hat.

Und ih moan, liabe Leut, daß ma sagn ko, daß d' Armut, da Hunga, d' Not, 's Elend und d' Traurigkeit oimoi wieda leichta zan übatauchn hand wann sih a Guada-Muat dazuaschlagt und a Stern, der sih Hoffnung nennt!

Herkunft

Dem Revierjäger in Fürst Auerspergschen Diensten, Michael Kraus, wurde am 21. Juni 1930 in Weitwörth, Gemeinde Nußdorf am Haunsberg, von seiner Ehefrau Hildegard ein Sohn geboren, den sie auf den Namen Walter Michael taufen ließen.

Die Mutter konnte sich von der schweren Geburt Zeit ihres Lebens nie mehr ganz erholen. Sie verstarb, nach schwerer Krankheit, als Walter erst elf Jahre alt war.

Eine Schwester des Vaters übernahm nun den Haushalt und versorgte die kleine Familie im „Hubergut", dem Forsthaus am Waldrand. Ein Jahr später heiratete der Vater wieder. Seine zweite Ehefrau, eine gebürtige Wienerin, war Kindermädchen der fürstlichen Kinder in Weitwörth. Sie versorgte nach ihrer Verehelichung den Forsthaushalt sehr gut und auch der sehr lebhafte Bub war in ihrer Obhut sehr gut aufgehoben. Sie gab ihm die Freiheit, seinen jugendlichen Neigungen und Abenteuern rund ums Forsthaus nachzugehen.

Gewiß waren es diese Kinder- und Jugendjahre, die Walter Kraus zeitlebens mit seiner schönen Flachgauer Heimat verbanden. Als er in späteren Jahren als Vater von zwei Söhnen, mit seiner Familie in die Stadt Salzburg übersiedelte, um den Buben den Weg in eine Höhere Schule zu erleichtern, konnte er die Trennung von diesem schönen, friedlichen Stück Land nur schwer verkraften. Sein Herz hing sein ganzes Leben lang an Weitwörth und den Augebieten an der Salzach.

Die Grundschulzeit verbrachte er in der einklassigen Volksschule St. Pankraz. Anschließend besuchte er die Hauptschule in Oberndorf a. d. Salzach, wohin er täglich, Sommer wie Winter, den 3 km langen Schulweg durch den Wald, das „Moosholz", zu Fuß zurückzulegen hatte. Ein guter, das heißt, fleißiger Schüler, war er seinen eigenen Worten nach nie. In einer gereimten Darstellung seines Lebensweges weist er in humorvoller Weise darauf hin, indem er schreibt:

Geboren neunzehnhundertdreißig.
Ois kloana Bua scho net gar zfleißig,
an Lehrer gfeiglt zan vodriaßn,
an Fünfa kriagt und dableibm müassn.
A Handwerk glernt – An Gsund valorn,
a Zeitlang umanandagfahrn.
Für d' Zeitung gschriebn, aba net glogn.
Ois Postangstellta a net zogn.
Gedichtln und a Gschichtln gschriebn,
in Staatsdienst ganga und durt bliebm.
Beamta in ara Kanzlei
und hie und da so nebenbei
im Radio a wengal redn.
Soviel, bis dato vo mein Lebn.
So daß ma sagn kann, ohne Weda,
hoid a a Mensch ois wia a Jeda!

Mit den Eltern Hildegard und Michael Kraus, 1931

In der Volksschule St. Pankraz, Gemeinde Nußdorf

Mit Vater Michael Kraus auf der Pirsch, 1944

So hat es begonnen

Drei Begebenheiten in seinem Leben haben Walter Kraus und seine Arbeit nachhaltig geprägt. In den fünfziger Jahren erkrankte er an der Lunge und war lange Zeit ans Bett gefesselt. Er mußte seinen erlernten Beruf als Automechaniker aufgeben und verlor plötzlich auch seine Freunde, mit denen er stets seine Freizeit als Gitarrespieler in den heimischen Landgasthäusern verbracht hatte. Was er bisher nicht gekannt hatte, das Alleinsein, war nun zu seinem Begleiter geworden.

Lesen war bis zu diesem Zeitpunkt keine Freizeitbeschäftigung für ihn gewesen, jetzt wurde es ihm Freund. Sein Arzt, der ihn oft aufsuchte, brachte ihm stets etwas zum Lesen mit; und so weckte er bei Walter das Interesse für die Literatur. Er begann nun alles Geschriebene begierig zu lesen, zunächst, um sich die Zeit zu vertreiben. Doch bald wurde ihm das Lesen zur Notwendigkeit, es wurde für ihn alles wissens- und lesenswert. Eine bisher unbekannte Welt tat sich ihm auf und das Wissenwollen begleitete ihn von nun an durch sein ganzes Leben.

Damals begann er die ersten „Reimereien", wie er sie nannte. Sie waren noch unbeholfene Versuche, Reime in Versform zu bringen.

In der Lungenheilstätte Grafenhof lag er fast ein Jahr lang Bett an Bett mit Thomas Bernhard. Für Walter eine lehrreiche und interessante Begegnung, da beide sehr viel lasen und versuchten, ihre Gedanken zu Papier zu bringen. Zwei verschiedene Geisteswelten prallten da aufeinander! Thomas Bernhard, der intellektuelle und zynische, und Walter Kraus, der einfache, aber interessierte junge Mann vom Lande. In vielen Diskussionen und Streitgesprächen versuchten sie, ihre gegensätzlichen Ansichten abzuklären, vertrugen sich aber letztendlich immer wieder. Walter profitierte viel von diesen Gesprächen. Nach ihrer Entlassung aus Grafenhof verloren sie sich aus den Augen. Als Thomas Bernhard ein bekannter Schriftsteller geworden war, versäumte es Walter nie, die neuen Bernhardbücher zu kaufen. Mit großem Vergnügen hörte er sich auch Bernhards Fersehinterviews an.

Irgendwann einmal liefen sie sich zufällig über den Weg. Es kam zu einem langen Gespräch. Thomas Bernhard, durch seine Ohlsdorfer Jahre nun auch ein Freund der ländlichen Lebensweise geworden, brachte viel Verständnis für Walters Arbeit beim ORF mit Brauchtum und Mundart auf, ja er bestärkte ihn sogar in seinen Bemühungen.

Und noch eine Begegnung war für Walter Kraus nach seiner Entlassung aus Grafenhof von großer Bedeutung. Die Begegnung mit Professor, Pater Romuald Pramberger.

Der „Steirische Grimm"

Professor Romuald Pramberger als Freund und Helfer

Eines Tages begegneten sie einander auf einem ihrer täglichen Spaziergänge, der keinem Plausch abgeneigte Professor Pramberger und der junge Walter Kraus, der damals für Salzburger Zeitungen schrieb, und wie immer sehr neugierig war.

Der Professor war seit 1943 Schloßpfarrer auf Schloß Weitwörth. Er war eine weitum anerkannte, wissenschaftliche Kapazität auf dem Gebiet der Volkskunde. Schon 1903 hatte der 1877 in Pöchlarn (NÖ) geborene und 1902 dem Benediktinerorden in Melk beigetretene Geistliche ein fünfzig Bände umfassendes Werk über die „Volkskunde der Steiermark" verfaßt, das sich im Volkskundemuseum in Graz befindet. Dieses Werk beinhaltet unter anderem 3000 Sagen und Märchen, derentwegen er eben als „Steirischer Grimm" bezeichnet wurde. In St. Lambrecht, Steiermark, gründete Pramberger 1911 ein zweites Volkskundemuseum und außerdem ein handelskulturhistorisches Archiv.

Der zum Zeitpunkt der ersten Begegnung schon sehr betagte, aber geistig rege Pater hatte es mit seinem enormen Wissen dem jungen Zeitungsschreiber sofort angetan. Zu jener Zeit beging Professor Pramberger sein 50-Jahr-Jubiläum als Volkskundeforscher. Die beiden Männer verstanden sich sehr schnell. Da gab es für den immer wiß- und lernbegierigen Walter Kraus viel zu erlauschen und zu lernen. Es verging kein Tag, an dem die beiden sich nicht zu einem gemeinsamen Spaziergang oder einer kleinen Kaffeejause trafen. Des öfteren lud der Professor auch die Geschwister Schiefer aus Laufen ein, bekannte Volksliedsängerinnen, die dann die Nachmittage mit ihren altüberlieferten Liedern verschönten.

Diese Begegnungen haben sehr dazu beigetragen, daß der junge Kraus nun auch selbst auf volkskundlichem Gebiet zu forschen begann und viele Geschichten aus seiner Heimatgemeinde Nußdorf a. H., sowohl in Zeitungen als auch später im Rundfunk veröffentlichte, so z. B. über den Brudermord und das Ende der Haunsberger. Auch über den großen Brand von Nußdorf, der 1903 einundzwanzig Häuser einäscherte, schrieb er.

Die Begegnung mit Professor Pramberger, dem großen Freund und Erzähler, der uns auch 1956 in der Wallfahrtskirche von Maria Bühel bei Oberndorf traute, hatte gewiß einen starken, prägenden Einfluß auf das Leben meines Mannes genommen.

Leider übersiedelte der gelehrte Ordensmann wieder in seine steirische Heimat, wo er im April 1967 verstarb.

Professor Pramberger und Walter Kraus vor Schloß Weitwörth

Die dritte Begegnung
und Beginn als freier Mitarbeiter beim ORF

Anfang der sechziger Jahre erschien in der Schriftenreihe des Salzburger Bildungswerkes, der Band „Sprache der Heimat", zweihundert Jahre Salzburger Mundartdichtung, herausgegeben von Hermann Müller und Wilhelm Steiner, der damals beim ORF die Abteilung Volk und Heimat leitete. Wilhelm Steiner war selbst auch Mundartdichter. Zu diesem Zeitpunkt hatte Walter Kraus schon einige ernst zu nehmende Mundartgedichte geschrieben. Chefredakteur Alfred Adrowitzer, damals Salzburger Volkszeitung, Freund vieler Jahre, veröffentlichte diese Gedichte in der Volkszeitung und als dieser Band erschien, beauftragte er seinen freien Mitarbeiter, diesen zu besprechen. Daraufhin wandte sich Walter Kraus mit seinen Gedichten an Willi Steiner.

Steiner war nicht gerade zart im Umgang mit Dichtern und Reimern. Und so gab es sowohl Lob, als auch Kritik. Aber Walter Kraus war lernwillig, und Steiner wiederum gefiel die echte Flachgauer Mundart des jungen Kraus. Und so bestellte er den jungen Dichter zum Vorsprechen. Es gingen Wochen und Monate hin, in denen Walter Kraus jeweils nach Dienstschluß – er war mittlerweile im Staatsdienst bei der Finanz – in die Franziskanergasse pilgerte, um dort bei Steiner Goethe, Schiller und auch Mundart „lesen und sprechen" zu lernen. Es war eine harte Schule, durch die er da ging, und oft war er versucht, alles hinzuwerfen. Aber als Walter Kraus dann das erste Mal zusammen mit anderen Mundartdichtern, im damaligen Studio D, vor Publikum lesen durfte und viel Anerkennung und Lob erntete, da wußte er, daß sich all die Mühe gelohnt hatte. Von da an wurde er von Steiner bei Frühschoppensendungen und Hörspielen in kleinen Rollen eingesetzt. Da begegnete er auch Gustl Bayerhammer, auch Pert Peternell, der zur damaligen Zeit oft für den ORF tätig war. Auch die erste Schallplatte mit Mundartgedichten, gemeinsam mit Willi Steiner, entstand damals. Der Schuldirektor und Mundartdichter aus St. Koloman, August Rettenbacher, meldete sich bei Walter Kraus. Aus dieser Begegnung resultierte das Erscheinen des ersten Mundartbändchens, „Flachgauer Gsangln", das in der Reihe „Lebendiges Wort", herausgegeben durch Professor Hauer, im Jahre 1968 erschien.

In diese Zeit fiel auch die Erkrankung von Wilhelm Steiner, der dadurch seine Arbeit beim ORF aufgeben mußte und in Pension ging. So wurde Walter Kraus vom ORF beauftragt die Mundartsendungen im Rundfunk weiterzuführen. Durch den Erfolg mit der monatlichen Sonderseite in der Salzburger Volkszeitung von 1957 bis 1965, „Mit Gewehr und Angel", für den Jäger, Fischer und Naturfreund, angespornt, begann er auch im Rundfunk die monatliche Sendung, „Die Salzburger Jägerstunde", die beim Publikum viel Anklang fand.

Wolf-Dietrich Iser wurde der nächste Leiter des Heimatfunkes, der heutigen Abteilung für Volkskultur. Es kam zu einer sehr gedeihlichen Zusammenarbeit der beiden Männer. Iser schätzte und erwartete Zuverlässigkeit, Korrektheit und Offenheit von seinen freien Mitarbeitern und fand dies bei Walter Kraus. So kam es, angeregt durch neue Ideen Isers, neben der schon erfolgreichen Mundartsendung „Musigspui und Bauerngschreiberts" zu einer zweiten monatlichen Sendereihe mit dem Titel „Wia ma da Schnabl gwaxn is" in der Mundartschreibende vorgestellt wurden. Weiters arbeitete er mit an der Gestaltung und Aufzeichnung des jährlichen Salzburger Mundarttages im Freilichtmuseum in Großgmain. Durch seine Mitarbeit beim ORF bekam er viele Mundartgedichte zur Beurteilung vorgelegt. Das Kritiküben fiel ihm nicht leicht, es trug ihm ja auch nicht immer Verständnis oder Freundschaft der Betroffenen ein, und so mochten eines Tages folgende Zeilen entstanden sein:

Mit Herzbluat
Da hör' ih neulih oan berichtn,
dersell, der tat mit Herzbluat dichtn
und scho so schö, so tat er moana,
so schö, da kamat oan gleih s' Woana

Natürle muaß ih sowas lesn,
ih bin scho oiwei neugri gwesn
und, mögts mih bei da Wahrheit nehma,
es kannt oam wirklih s' Woana kemma,

daß oa Mensch, der a so voi Kraft is
und, wia ma sagt, ah nuh voi Saft is,
du sagats d' eahm des goa net an,
a so a gräulichs Bluat habn kann!

Wie gesagt, das Kritiküben fiel ihm nicht leicht, er mochte da an seine ersten Schreibversuche und an die Antwort eines damals bekannten Schreibenden denken, den er um eine Beurteilung seiner Gedichte gebeten hatte und der zurückschrieb, daß dies wohl zur Freude der eigenen Familie reichen möge, aber es würde nie etwas Ernsthaftes daraus.

Selbst sah sich Walter Kraus nie als Dichter, dieses Wort nötigte ihm zuviel Respekt ab. So bezeichnete er sich eher als Mundartschreiber. Mitten aus diesem Schaffen wurde er durch eine heimtückische Krankheit Ende August 1992 herausgerissen und er verstarb, viel zu früh, im Dezember 1992.

1992 – Das Jahr der Vorworte

1992 wurde Walter Kraus gleich dreimal gebeten, für seine Mundartfreunde das Vorwort für ihre neuen Bücher zu schreiben. Der erste war Toni Aichhorn, sein langjähriger Mitarbeiter bei seiner Sendung im ORF, „Musigspui und Bauerngschreibat's". Gern schrieb er dieses Vorwort für den Toni.

Kaum einen Monat später bat ihn ein von ihm sehr geschätzter Freund und Mundartdichter, Professor Erwin Baburek, den er gerne als Nachfolger der guten Mundart, mit seinem lieben, langjährigen Freund, Theodor Kürzl, verglich, um das Vorwort für sein Erstlingswerk: „All Tag wieder kimmt d' Sunn". „Was nur heier hamd mit de Vorworte?" wunderte er sich, aber mit besonderer Freude schrieb er auch dieses Vorwort.

Im Frühsommer 1992 kam dann noch die Innviertlerin Elfriede Jäger mit der Bitte um ein Vorwort für ihr zweites Mundartbuch: „Pflanzlsetzen – Seins'nwetzn". Diese junge Mundartdichterin war ihm ein Anliegen. Er schätzte ihre guten Gedanken und war außerdem immer bestrebt, junge Talente zu fördern. Aber es war ein schwerer Seufzer, als er sich anschickte dieses dritte Vorwort zu schreiben. „Jetzt langt's dann, mehr Vorworte schreib ih nimmer!" Das klang so endgültig, wie so manche seiner Aussagen, in diesem, seinem letzten Jahr.